50 Recetas con Sabores de Mi Cocina

Por: Kelly Johnson

Table of Contents

- Pollo guisado con papas
- Arroz con pollo y verduras
- Sopa de fideos casera
- Tortillas hechas a mano
- Ensalada fresca de jitomate
- Guiso de carne con chile
- Quesadillas de queso Oaxaca
- Frijoles refritos con tocino
- Caldo de pollo con verduras
- Tacos de carne asada
- Papas al horno con especias
- Enchiladas rojas
- Albóndigas en salsa verde
- Mole rojo casero
- Tamales de rajas con queso
- Cazuela de frijoles con chorizo
- Pan de elote

- Chiles rellenos de picadillo
- Sopa de calabaza
- Tortilla española casera
- Arroz a la mexicana
- Pollo en salsa de tomate
- Empanadas de pollo
- Carne al pastor
- Ensalada de nopales
- Caldo tlalpeño
- Tostadas de ceviche
- Tacos de carnitas
- Camarones al ajillo
- Enchiladas suizas
- Chorizo con huevos
- Tlayudas con tasajo
- Sopa de lentejas
- Pan casero de ajo
- Picadillo de res con verduras
- Ceviche de pescado

- Caldo de res con verduras
- Huevos motuleños
- Pollo al chipotle
- Guiso de carne con papas
- Tacos de pollo en salsa verde
- Sopa de elote
- Cazuela de verduras con queso
- Ensalada de jitomate y cebolla
- Pan dulce casero
- Arroz con leche
- Carne en su jugo
- Tacos de pescado empanizado
- Tamales dulces
- Queso fundido con rajas

Pollo guisado con papas

Ingredientes:

- Pollo en piezas
- Papas peladas y cortadas
- Tomate
- Cebolla
- Ajo
- Caldo de pollo
- Aceite, sal y pimienta

Preparación:

1. Sofríe cebolla y ajo hasta transparentar.
2. Añade el pollo y dora ligeramente.
3. Incorpora el tomate licuado o picado y el caldo.
4. Añade las papas y cocina a fuego medio hasta que el pollo y las papas estén tiernos.

Arroz con pollo y verduras

Ingredientes:

- Pollo troceado
- Arroz
- Zanahoria
- Chícharos
- Pimiento
- Cebolla
- Ajo
- Caldo de pollo
- Aceite, sal y especias

Preparación:

1. Sofríe el pollo con cebolla y ajo.
2. Añade las verduras y mezcla bien.
3. Agrega el arroz y el caldo.
4. Cocina tapado a fuego medio hasta que el arroz esté listo y el líquido se haya absorbido.

Sopa de fideos casera

Ingredientes:

- Caldo de pollo o verduras
- Fideos finos
- Jitomate
- Ajo
- Cebolla
- Aceite y sal

Preparación:

1. Sofríe jitomate, ajo y cebolla hasta que el jitomate cambie de color.
2. Agrega el caldo y lleva a ebullición.
3. Incorpora los fideos y cocina hasta que estén suaves.

Tortillas hechas a mano

Ingredientes:

- Masa de maíz nixtamalizado
- Agua
- Sal

Preparación:

1. Mezcla masa, agua y sal hasta obtener una masa suave.
2. Forma bolitas y aplánalas con prensa o a mano.
3. Cocina en comal caliente hasta que se cocinen bien y estén flexibles.

Ensalada fresca de jitomate

Ingredientes:

- Jitomates maduros
- Cebolla
- Cilantro
- Jugo de limón
- Sal

Preparación:

1. Pica jitomates, cebolla y cilantro.
2. Mezcla todo y adereza con jugo de limón y sal al gusto.

Guiso de carne con chile

Ingredientes:

- Carne de res en trozos
- Chiles secos (guajillo, pasilla)
- Ajo
- Cebolla
- Tomate
- Sal y especias

Preparación:

1. Hidrata y muele los chiles con ajo y cebolla.
2. Sofríe la mezcla, añade el tomate y cocina un poco más.
3. Incorpora la carne y cocina a fuego lento hasta que esté tierna.

Quesadillas de queso Oaxaca

Ingredientes:

- Tortillas de maíz
- Queso Oaxaca deshebrado

Preparación:

1. Coloca queso en una tortilla y cúbrela con otra tortilla o dóblala.
2. Cocina en comal hasta que el queso se derrita y las tortillas estén doradas.

Frijoles refritos con tocino

Ingredientes:

- Frijoles cocidos
- Tocino picado
- Cebolla
- Aceite o manteca

Preparación:

1. Fríe el tocino y la cebolla hasta que estén dorados.
2. Añade los frijoles y machaca mientras cocinas hasta obtener la consistencia deseada.

Caldo de pollo con verduras
Ingredientes:

- Pollo (piernas o pechugas)
- Zanahorias
- Calabacitas
- Papa
- Elote en trozos
- Cebolla
- Ajo
- Cilantro
- Sal y pimienta

Preparación:

1. Hierve el pollo en agua con cebolla y ajo hasta que esté cocido.
2. Agrega las verduras picadas (zanahoria, calabacita, papa, elote).
3. Cocina hasta que las verduras estén tiernas.
4. Salpimienta al gusto y sirve con cilantro fresco.

Tacos de carne asada

Ingredientes:

- Carne de res para asar (falda o arrachera)
- Sal, pimienta, ajo en polvo
- Limón
- Tortillas de maíz
- Cebolla picada
- Cilantro picado
- Salsa al gusto

Preparación:

1. Marina la carne con sal, pimienta, ajo y jugo de limón.
2. Asa la carne a la parrilla o sartén hasta el punto deseado.
3. Corta en tiras y sirve en tortillas con cebolla, cilantro y salsa.

Papas al horno con especias
Ingredientes:

- Papas cortadas en cubos o gajos
- Aceite de oliva
- Ajo en polvo
- Pimentón dulce
- Romero o tomillo
- Sal y pimienta

Preparación:

1. Mezcla las papas con aceite y especias.
2. Hornea a 200°C por 30-40 minutos o hasta que estén doradas y crujientes.
3. Sirve caliente.

Enchiladas rojas
Ingredientes:

- Tortillas de maíz
- Salsa roja (jitomate, chile guajillo, ajo, cebolla)
- Queso fresco o queso rallado
- Crema
- Cebolla picada
- Pollo deshebrado (opcional)

Preparación:

1. Calienta la salsa y sumerge las tortillas para que se empapen.
2. Rellena con pollo o solo queso, enrolla las tortillas.
3. Coloca en un plato, baña con salsa, agrega queso, crema y cebolla.

Albóndigas en salsa verde
Ingredientes:

- Carne molida de res o mezcla con cerdo
- Ajo y cebolla picados
- Pan remojado en leche
- Huevo
- Cilantro picado
- Salsa verde (tomatillo, chile, cebolla, ajo)

Preparación:

1. Mezcla carne, ajo, cebolla, pan, huevo y cilantro. Forma albóndigas.
2. Fríe ligeramente las albóndigas.
3. Cocina las albóndigas en la salsa verde hasta que estén bien cocidas.

Mole rojo casero

Ingredientes:

- Chiles anchos, guajillos y pasillas
- Ajo, cebolla
- Tomate
- Almendras o cacahuates
- Chocolate
- Especias (canela, clavo, comino)
- Caldo de pollo

Preparación:

1. Asa y remoja los chiles.
2. Licúa chiles con ajo, cebolla, tomate, frutos secos y especias.
3. Cocina la mezcla en caldo, añade chocolate hasta obtener una salsa espesa.
4. Sirve con pollo o arroz.

Tamales de rajas con queso
Ingredientes:

- Masa para tamal
- Rajas de chile poblano asado y pelado
- Queso fresco o panela
- Hojas de maíz remojadas

Preparación:

1. Mezcla masa con un poco de manteca o aceite.
2. Coloca masa sobre hojas, añade rajas y queso.
3. Envuelve, ata y cocina al vapor por aproximadamente 1 hora.

Cazuela de frijoles con chorizo

Ingredientes:

- Frijoles cocidos
- Chorizo
- Cebolla
- Ajo
- Chile jalapeño (opcional)
- Queso rallado (opcional)

Preparación:

1. Fríe el chorizo con cebolla y ajo.
2. Añade frijoles y cocina hasta integrar sabores.
3. Sirve caliente con queso rallado si deseas.

Pan de elote
Ingredientes:

- Elote tierno desgranado
- Harina
- Azúcar
- Mantequilla
- Huevos
- Leche
- Polvo para hornear

Preparación:

1. Licúa el elote con leche, azúcar y mantequilla.
2. Mezcla con harina, polvo para hornear y huevos.
3. Vierte en molde y hornea a 180°C por 40-50 minutos.

Chiles rellenos de picadillo

Ingredientes:

- Chiles poblanos asados y pelados
- Carne molida (res o cerdo)
- Cebolla
- Ajo
- Tomate
- Pasas (opcional)
- Almendras picadas (opcional)
- Sal y pimienta
- Aceite

Preparación:

1. Sofríe cebolla y ajo, añade la carne molida y cocina hasta que esté bien cocida.
2. Incorpora tomate picado, pasas y almendras, sazona al gusto.
3. Rellena los chiles con el picadillo.
4. Pasa los chiles por huevo batido y fríelos hasta dorar.

Sopa de calabaza

Ingredientes:

- Calabaza pelada y picada
- Cebolla
- Ajo
- Caldo de verduras o pollo
- Crema o leche (opcional)
- Sal y pimienta
- Aceite

Preparación:

1. Sofríe cebolla y ajo.
2. Añade la calabaza y el caldo, cocina hasta que la calabaza esté blanda.
3. Licúa la mezcla hasta obtener una sopa cremosa.
4. Ajusta sal y pimienta, añade crema si deseas.

Tortilla española casera

Ingredientes:

- Papas peladas y cortadas en rodajas finas
- Cebolla picada
- Huevos
- Aceite de oliva
- Sal

Preparación:

1. Fríe las papas con la cebolla en abundante aceite hasta que estén tiernas.
2. Bate los huevos y mezcla con las papas y cebolla escurridas.
3. Vierte en sartén y cocina a fuego medio hasta que cuaje, voltea para dorar ambos lados.

Arroz a la mexicana

Ingredientes:

- Arroz
- Tomate
- Cebolla
- Ajo
- Caldo de pollo
- Aceite
- Sal

Preparación:

1. Sofríe arroz en aceite hasta que se dore un poco.
2. Licúa jitomate, cebolla y ajo, añade al arroz y cocina unos minutos.
3. Agrega el caldo y cocina tapado hasta que el arroz esté tierno.

Pollo en salsa de tomate

Ingredientes:

- Piezas de pollo
- Tomate
- Cebolla
- Ajo
- Caldo de pollo
- Aceite, sal y pimienta

Preparación:

1. Sofríe cebolla y ajo, añade tomate licuado y cocina hasta formar salsa.
2. Agrega las piezas de pollo y el caldo.
3. Cocina a fuego medio hasta que el pollo esté cocido y la salsa espese.

Empanadas de pollo

Ingredientes:

- Masa para empanadas o harina de trigo
- Pollo cocido y deshebrado
- Cebolla
- Ajo
- Jitomate
- Sal y pimienta

Preparación:

1. Sofríe cebolla, ajo y jitomate, añade pollo y mezcla bien.
2. Rellena la masa con el pollo, cierra y sella las empanadas.
3. Fríe o hornea hasta que estén doradas.

Carne al pastor

Ingredientes:

- Carne de cerdo en filetes delgados
- Chile guajillo
- Ajo
- Cebolla
- Piña
- Sal y especias

Preparación:

1. Licúa chiles guajillo con ajo, cebolla y especias para hacer la marinada.
2. Marina la carne con esta mezcla varias horas.
3. Asa la carne con piña, corta en trozos pequeños para tacos.

Ensalada de nopales

Ingredientes:

- Nopales cocidos y picados
- Tomate
- Cebolla
- Cilantro
- Jugo de limón
- Sal

Preparación:

1. Mezcla los nopales con tomate, cebolla y cilantro picados.
2. Adereza con jugo de limón y sal al gusto.

Caldo tlalpeño

Ingredientes:

- Pollo
- Zanahoria
- Ejotes
- Garbanzos cocidos
- Jitomate
- Chile chipotle
- Ajo
- Cebolla
- Caldo de pollo
- Arroz cocido (opcional)
- Limón

Preparación:

1. Cocina el pollo en agua con ajo y cebolla para hacer caldo.
2. Añade jitomate licuado, zanahoria, ejotes, garbanzos y chile chipotle.
3. Cocina hasta que las verduras estén tiernas.
4. Sirve caliente con arroz y limón al gusto.

Tostadas de ceviche

Ingredientes:

- Pescado blanco fresco (como tilapia o mero), cortado en cubos
- Jugo de limón
- Cebolla morada picada
- Cilantro picado
- Tomate picado
- Chile serrano picado (opcional)
- Sal
- Tostadas de maíz

Preparación:

1. Marina el pescado en jugo de limón hasta que cambie de color (unos 20-30 minutos).
2. Añade cebolla, cilantro, tomate, chile y sal. Mezcla bien.
3. Sirve sobre las tostadas crujientes.

Tacos de carnitas

Ingredientes:

- Carne de cerdo en trozos (pierna o espaldilla)
- Ajo
- Cebolla
- Laurel
- Sal y pimienta
- Tortillas de maíz

Preparación:

1. Cocina la carne con ajo, cebolla, laurel, sal y pimienta en poca agua a fuego lento hasta que esté tierna y jugosa.
2. Deshebra la carne y fríe un poco en su propia grasa para que quede crujiente.
3. Sirve en tortillas calientes con cebolla, cilantro y salsa al gusto.

Camarones al ajillo

Ingredientes:

- Camarones pelados y desvenados
- Ajo picado
- Aceite de oliva o mantequilla
- Chile seco (opcional)
- Perejil picado
- Sal y pimienta

Preparación:

1. Calienta aceite o mantequilla y sofríe el ajo hasta que esté dorado.
2. Añade los camarones, sal, pimienta y chile seco. Cocina hasta que los camarones cambien de color.
3. Espolvorea perejil picado y sirve caliente.

Enchiladas suizas

Ingredientes:

- Tortillas de maíz
- Pollo cocido y deshebrado
- Salsa verde
- Crema
- Queso rallado (queso suizo o mozzarella)

Preparación:

1. Rellena las tortillas con pollo y enrolla.
2. Coloca las enchiladas en un refractario, cubre con salsa verde, crema y queso rallado.
3. Hornea hasta que el queso se derrita y dore un poco.

Chorizo con huevos

Ingredientes:

- Chorizo fresco
- Huevos
- Sal

Preparación:

1. Fríe el chorizo hasta que suelte su grasa y esté bien cocido.
2. Bate los huevos y añádelos al chorizo, mezcla hasta que se cocinen.
3. Sirve caliente con tortillas.

Tlayudas con tasajo

Ingredientes:

- Tlayudas (tortilla grande y crujiente)
- Tasajo (carne seca o carne asada en tiras)
- Frijoles refritos
- Queso fresco
- Aguacate
- Cebolla
- Salsa

Preparación:

1. Unta la tlayuda con frijoles refritos.
2. Coloca tasajo, queso fresco y cebolla.
3. Caliéntala en comal o sartén hasta que esté crujiente y el queso se derrita un poco.
4. Acompaña con aguacate y salsa.

Sopa de lentejas

Ingredientes:

- Lentejas
- Cebolla
- Ajo
- Zanahoria
- Caldo de pollo o verduras
- Sal y pimienta
- Aceite

Preparación:

1. Sofríe cebolla, ajo y zanahoria picada.
2. Añade lentejas y caldo, cocina hasta que las lentejas estén suaves.
3. Salpimenta al gusto y sirve caliente.

Pan casero de ajo

Ingredientes:

- Pan (baguette o pan de campo)
- Mantequilla
- Ajo picado
- Perejil picado

Preparación:

1. Mezcla mantequilla con ajo y perejil.
2. Corta el pan en rebanadas y unta la mezcla de ajo.
3. Hornea hasta que el pan esté dorado y crujiente.

Picadillo de res con verduras

Ingredientes:

- Carne molida de res
- Cebolla
- Ajo
- Jitomate
- Zanahoria picada
- Guisantes (opcional)
- Papas picadas (opcional)
- Aceite, sal y pimienta

Preparación:

1. Sofríe cebolla y ajo, añade la carne molida y cocina hasta dorar.
2. Agrega jitomate picado, zanahoria, guisantes y papas.
3. Cocina hasta que las verduras estén tiernas. Salpimenta al gusto.

Ceviche de pescado

Ingredientes:

- Pescado blanco fresco (mero, tilapia) cortado en cubos
- Jugo de limón
- Cebolla morada picada
- Cilantro picado
- Tomate picado
- Chile serrano picado (opcional)
- Sal

Preparación:

1. Marina el pescado en jugo de limón hasta que cambie de color (20-30 minutos).
2. Añade cebolla, cilantro, tomate, chile y sal. Mezcla bien.
3. Sirve frío acompañado con tostadas o galletas saladas.

Caldo de res con verduras

Ingredientes:

- Carne de res para caldo (costilla, chambarete)
- Zanahoria
- Papa
- Calabacita
- Elote
- Cebolla
- Ajo
- Cilantro
- Sal y pimienta

Preparación:

1. Hierve la carne con ajo, cebolla y sal hasta que esté tierna.
2. Agrega las verduras cortadas y cocina hasta que estén suaves.
3. Añade cilantro picado antes de servir.

Huevos motuleños

Ingredientes:

- Tortillas de maíz
- Huevos
- Frijoles refritos
- Jamón o tocino picado
- Salsa de tomate
- Queso fresco
- Guisantes
- Plátano macho frito (opcional)

Preparación:

1. Fríe las tortillas ligeramente y úntalas con frijoles.
2. Coloca encima los huevos estrellados, jamón, guisantes y salsa de tomate.
3. Decora con queso fresco y plátano macho frito si deseas.

Pollo al chipotle

Ingredientes:

- Pechugas de pollo
- Crema
- Salsa de chipotle en adobo
- Ajo
- Sal y pimienta

Preparación:

1. Cocina el pollo y deshébralo.
2. Mezcla crema con salsa de chipotle y ajo picado.
3. Añade el pollo y cocina a fuego bajo hasta integrar sabores.

Guiso de carne con papas

Ingredientes:

- Carne de res en trozos
- Papa pelada y cortada
- Cebolla
- Ajo
- Jitomate
- Caldo o agua
- Sal y pimienta

Preparación:

1. Sofríe cebolla, ajo y jitomate.
2. Añade la carne y cocina hasta dorar.
3. Agrega papas y caldo, cocina a fuego lento hasta que la carne y papas estén tiernas.

Tacos de pollo en salsa verde

Ingredientes:

- Pechugas de pollo cocidas y deshebradas
- Salsa verde
- Tortillas de maíz
- Cebolla y cilantro para acompañar

Preparación:

1. Cocina el pollo con la salsa verde hasta que tome sabor.
2. Sirve el pollo sobre tortillas calientes.
3. Acompaña con cebolla picada y cilantro.

Sopa de elote

Ingredientes:

- Elotes desgranados
- Cebolla
- Caldo de pollo
- Crema
- Mantequilla
- Sal y pimienta

Preparación:

1. Sofríe cebolla en mantequilla, añade elotes y cocina un poco.
2. Agrega caldo y cocina hasta que los granos estén suaves.
3. Licúa la mezcla para obtener una textura cremosa.
4. Sirve con un poco de crema y salpimenta al gusto.

Cazuela de verduras con queso

Ingredientes:

- Calabacita
- Zanahoria
- Papa
- Cebolla
- Queso rallado (queso manchego o mozzarella)
- Crema
- Sal y pimienta

Preparación:

1. Cocina las verduras al vapor o hervidas hasta que estén tiernas.
2. Colócalas en un refractario, agrega crema y cubre con queso rallado.
3. Hornea hasta que el queso se derrita y dore ligeramente.

Ensalada de jitomate y cebolla

Ingredientes:

- Jitomates maduros
- Cebolla morada
- Cilantro
- Aceite de oliva
- Sal
- Jugo de limón

Preparación:

1. Corta jitomates y cebolla en rodajas o cubos.
2. Mezcla con cilantro picado.
3. Añade aceite de oliva, jugo de limón y sal al gusto.
4. Refrigera un poco antes de servir.

Pan dulce casero

Ingredientes:

- Harina de trigo
- Levadura seca
- Azúcar
- Leche tibia
- Mantequilla
- Huevos
- Sal
- Ralladura de naranja o vainilla (opcional)

Preparación:

1. Disuelve la levadura en leche tibia con un poco de azúcar.
2. Mezcla harina, azúcar, sal, huevos y la mezcla de levadura.
3. Añade mantequilla y amasa hasta obtener una masa suave.
4. Deja reposar hasta que doble su tamaño.
5. Forma los panes, deja reposar otra vez y hornea a 180°C hasta dorar.

Arroz con leche

Ingredientes:

- Arroz
- Leche
- Azúcar
- Canela en rama
- Cáscara de limón
- Pasas (opcional)

Preparación:

1. Cocina el arroz con agua hasta que esté casi tierno.
2. Añade leche, azúcar, canela y cáscara de limón.
3. Cocina a fuego bajo, moviendo constantemente hasta que espese.
4. Retira la canela y la cáscara, añade pasas si quieres.

Carne en su jugo

Ingredientes:

- Carne de res picada o en trozos pequeños
- Tocino picado
- Frijoles de la olla con caldo
- Cebolla picada
- Ajo
- Cilantro
- Chiles serranos
- Sal y pimienta

Preparación:

1. Fríe el tocino y añade la carne, cocina hasta dorar.
2. Agrega cebolla y ajo, sofríe.
3. Añade frijoles con su caldo, chiles serranos, sal y pimienta.
4. Cocina a fuego medio hasta que la carne esté suave y el caldo reduzca un poco.
5. Sirve con cilantro fresco.

Tacos de pescado empanizado

Ingredientes:

- Filetes de pescado blanco
- Harina
- Huevo batido
- Pan rallado o harina de maíz
- Aceite para freír
- Tortillas de maíz o harina
- Repollo rallado
- Salsa (mayonesa, pico de gallo o crema)

Preparación:

1. Pasa los filetes por harina, huevo y luego pan rallado.
2. Fríe en aceite caliente hasta dorar.
3. Sirve en tortillas con repollo y salsa al gusto.

Tamales dulces

Ingredientes:

- Masa para tamal (masa de maíz preparada)
- Azúcar
- Manteca de cerdo o vegetal
- Canela en polvo
- Pasas o frutas secas
- Hojas de maíz remojadas

Preparación:

1. Mezcla la masa con azúcar, manteca y canela.
2. Añade pasas o frutas secas a la masa.
3. Coloca masa en hojas de maíz, envuelve y ata.
4. Cocina al vapor durante aproximadamente 1 hora.

Queso fundido con rajas

Ingredientes:

- Queso para fundir (como Oaxaca o manchego)
- Rajas de chile poblano asado y pelado
- Cebolla picada
- Crema (opcional)

Preparación:

1. En una sartén, sofríe cebolla y las rajas de chile poblano.
2. Añade el queso y calienta a fuego bajo hasta que se derrita.
3. Sirve caliente acompañado con tortillas o totopos.

www.ingramcontent.com/pod-product-compliance
Lightning Source LLC
LaVergne TN
LVHW081328060526
838201LV00055B/2516